Feminine sår

Rikke Jul Lerche

Feminine sår

Dagbog fra livet før, under og efter brystkræft

Min historie

Korrekturlæsning: Ulla Kern, underviser

Forlag: BoD – Books on Demand, Hellerup, Danmark

Tryk: BoD – Books on Demand, Norderstedt, Tyskland

ISBN: 9788743046059

Tak til Ulla Kern, min tidligere underviser på lægesekretæruddannelsen, for korrekturlæsning.

Indholdsfortegnelse

INDLEDNING

Denne bog er skrevet til dig, som er ramt af brystkræft, dig som er pårørende til en med brystkræft eller dig, som er nysgerrig på et brystkræftforløb.

Jeg er 44 år, bor med min kæreste Brian, mine børns far. Vores 3 døtre er henholdsvis 22, 20 og 11 år. Jeg er uddannet lægesekretær og arbejder på et privathospital.

I 2016 blev jeg skilt fra Brian, og jeg flyttede i en lejlighed med vores 3 børn. Brians og mine følelser for hinanden forsvandt ikke, trods vi begge prøvede at komme videre med nye forhold. Efter 1 år fandt vi hinanden igen, jeg opsagde lejemålet, og pigerne og jeg flyttede hjem. Her bor vi i dag.

Jeg lider af angst, men har været medicineret for dette i mange år efterhånden, og det hjælper mig til at holde min angst under kontrol. Angsten for kræft har boet i mig, siden jeg fik mit første barn i 1999. Her startede mit voksenliv, og jeg gik fra at være en forvirret, rebelsk og alt for spontan ung pige til at på et splitsekund at blive en mor med stor kærlighed, samvittighed og kæmpe ansvarsfølelse, og med det fulgte angsten for at dø fra mit dyrebareste guld.

Da jeg i juni 2020 blev ramt af brystkræft, startede jeg med at skrive en blog, som var ment som et værktøj til mig selv, både for at komme af med tanker og følelser, men også for at mine pårørende kunne komme helt tæt på mig, i det omfang de selv magtede det. Bloggen er skrevet med hjertet, uden at tænke over formuleringer, grammatik og ordvalg, og den har ført mig til denne bog, en bog der tager udgangspunkt i min blog, dog med ændringer, tilføjelser og en del rettelser. Bogen er skrevet til jer kvinder derude - Få nu mærket jeres bryster efter!

Navnet på bloggen og denne bog er givet af min storesøster, Carina, og jeg synes det er så fint og dækkende over flere ting, nemlig de fysiske sår, de indre sår og de kvindelige sår, der kan komme i sådan en proces.

Jeg tager jer med fra begyndelsen i mit forløb. Jeg er hudløst ærligt, til tider så ærlig, at jeg kan ramme nogle mennesker, jeg holder af og til tider så ærlig, at jeg føler, at jeg ikke har kontrol. Dette tab af kontrol er en meget dårlig kombination med min angst, men det er vigtigt for mig, at angsten ikke får lov til at styre mig og mine handlinger.

KAPITEL 1 – LIVET FØR BRYSTKRÆFT

Jeg har i ca. 14 dage mærket noget hårdt i højre bryst, men har slået det hen, da der er så meget at tænke på lige nu. Min mindste datter, Molly, har brækket sit ben og sidder i kørestol, studentertid for min mellemste datter, Anna Sofie, og min store datter, Karoline, er på vej til at flytte hjemmefra til Aarhus. Derudover tænker jeg, at det nok bare er min angst, der banker på døren. Ferien er lige om hjørnet, og jeg skubber det væk med tanken om, at det nok bare er en mælkekirtel eller andet. Jeg beslutter at gå til lægen efter ferien, hvis det ikke er væk inden.

Brian og jeg sidder tirsdag aften og ser et program om brystkræftramte kvinder, og det sætter virkelig mine tanker i gang. Jeg beder Brian mærke på mit bryst, og han mærker også en hårdhed. Det er ikke en knude som sådan men mere noget hårdt og ujævnt inde i brystet. Vi bliver enige om, at det skal undersøges nærmere ret hurtigt.

Dagen efter får jeg en tid ved min praktiserende læge. Jeg starter med at komme ind til en reservelæge, som mærker grundigt på mit bryst. Hun mærker også en hårdhed, men siger, at det ikke er noget farligt og at det mere føles som for meget brystvæv. Med alt det hun har lært om kræftknuder, så er det her helt anderledes. Hun vil dog have min faste læge ind og mærke også, for at være helt sikker. Han kommer ind, mærker, og for første gang nogensinde fornemmer jeg en vis alvor i ham, som jeg ikke har mødt før. Han siger, at "knuden "skal undersøges hurtigt for en sikkerheds skyld, og at jeg kommer i et pakkeforløb for at sikre en hurtig tid til udredning. Reservelægen spørger ham, om det ikke mærkes anderledes end en "farlig knude", men han svarer ikke. På det tidspunkt mærker jeg en underlig fornemmelse i kroppen, men tænker alligevel, at brystkræft ikke rammer mig og min familie, og at næste skridt er ren procedure.

Udredning

Inden for få dage er jeg er på vej til Vejle Sygehus. Mit hoved siger mig, at jeg selvfølgelig ikke har kræft, men min krop fortæller mig noget andet. Jeg har kvalme og er utilpas. Da jeg sidder på selve afdelingen, tænker jeg, at det i hvert fald ikke er her og i hvert fald ikke er nu, at jeg skal have en alvorlig diagnose.

Først får jeg taget 3 billeder af hvert bryst (mammografi), og hun siger ikke noget, hvilket jeg ikke forstår, for hun burde jo sige, at det ikke er noget. Herefter kommer jeg til ultralydsscanning hos lægen, hvor hun også tager 2 biopsier og lægger en markering i brystet, så man altid kan finde centrum af knuden. Okay, det ville hun nok ikke gøre, hvis knuden bare var en mælkekirtel, men jeg tør ikke spørge om noget, for jeg er bange for svaret. På dette tidspunkt fornemmer jeg, at noget er galt.

Derefter tager jeg tøj på, og lægen sætter sig ved mig. Hendes næste sætning er starten på en ny fase i mit liv eller parentes i mit liv, som en tidligere kollega engang sagde om små kriser.

Lægen fortæller mig, at hun tror, at jeg har brystkræft. Min første reaktion er rent teenageragtigt "OMG" og "fuck". Dernæst popper mine tre børn op - hvad skal jeg sige til dem, og skal jeg dø? Hun siger, at hun tror, at de kan hjælpe mig igennem forløbet.

Jeg går ud ad døren med en tid om 10 dage til svar på vævsprøver og videre behandlingsplan. Derudover skal jeg have undersøgt mine lunger med det samme ved en røntgenundersøgelse. Fuck, kan det have spredt sig?!

Efter røntgenundersøgelsen står jeg ved min bil på parkeringspladsen ved Vejle Sygehus. Jeg ved ikke, hvad jeg skal gribe og gøre i. Får lige ringet til mit arbejde, Brian, min mor og søster. Jeg kan ikke huske, hvad jeg siger i disse samtaler. Jeg tror, jeg var i chok. Det eneste jeg husker er, at jeg siger til Brian, at nu bliver han nødt til at gifte sig med mig igen for at sikre vores børn.

Jeg kører hjem og taler med min familie, mine store børn, og deres reaktion fylder enormt hos mig, da jeg er så ked af at lægge denne frygt og tristhed på dem. Jeg prøver at overbevise dem om, at vi skal have det godt og ikke være bange, for jeg kan klare det, og det føler jeg virkelig dybt inde.

I det øjeblik - og hele dagen - er jeg selv overbevist om, at jeg har kræft.

Molly spørger mig, hvorfor jeg går så meget til læge, og til det svarer jeg, at der er noget i mit bryst, som skal undersøges. Efter lægens råd har jeg valgt, at hun ikke skal vide noget, før jeg har konkrete svar. Om det er den rigtige beslutning, ved jeg ikke, men jeg kan ikke bære, at hun skal gå i så mange dage og være bange. Hun er på det her tidspunkt kun 9 år, og jeg tror, at ordet kræft i den alder forbindes med død. Dagen er lidt i en tåge, men jeg er okay, og jeg føler mig stærk. Jeg sætter mig selv lidt til side, for mine børn er det vigtigste.

Om aftenen bliver jeg ramt, tankerne flyver rundt, og jeg bliver rigtig ked af det. Heldigvis har jeg en dejlig kæreste, som krammer mig og snakker med mig om det. Da jeg ligger der i sengen og ikke kan sove, skriver min veninde, Mette. Hun spørger, om hun må ringe, og vi får en god snak, hvor jeg får sat ord på min bekymringer.

Det fylder meget, at mine børn er kede af det, og tanken om, at jeg kan dø fra dem, er helt ubærlig.

Ventetiden

Tiden går langsomt, og jeg vil bare vide besked! Mange tanker går gennem mig - Skal jeg miste håret, have fjernet mit bryst og bliver jeg dårlig? Men vigtigst af alt hvordan får jeg mine børn bedst igennem det.

Samtidig får jeg en knude i maven (virkelig dårligt ordvalg), hver gang der bliver snakket ferie herhjemme, for hvordan mon ferien bliver i år? Ingen ved, om jeg skal hurtigt i behandling, og hvordan jeg reagerer på behandlingen, men jeg VIL på ferie og hygge med min familie - en ferie vi har set så meget frem til. På grund af Corona-pandemien er det heldigvis planlagt til at være i Danmark.

Jeg logger ind på sundhed.dk og læser min journal. Heldigvis er der intet på lungerne, men i brystet ses en 19×16 mm primær tumor og en satellit-tumor på 4 mm. Jeg tænker dog stadigt, at svarene på vævsprøver kan være negative, og lægen nok har taget fejl, men øv hvor er der er lang tid til, at jeg har en tid hos lægen.

Flere siger til mig, at jeg klarer den, og JA, jeg gør, for mine børn og Brians skyld vil jeg kæmpe alt, hvad jeg kan. Det er dog ikke det, der fylder mest lige nu. Lige nu er det en skyld over at skulle give mine pårørende den besked, at jeg måske har kræft, og skyld over, at de skal være kede af det på grund af mig. Det er lige fra mine børn, Brian, min familie, venner og kolleger. Min mor og bonusfar er på vej til Frankrig, og det er ret hårdt at få den besked nu. Min storesøster har selv haft kræft og er nu på den anden side, men nu får hun det ind på livet igen. Min lillesøster har barsel, og skal da ikke bruge tiden på at bekymre sig om mig. Min storesøster har fortalt min far det, jeg har ikke selv kunnet få mig til at ringe til ham. Min bror i København ser jeg ikke så tit, så venter også her med at sige noget.

Jeg er udmærket klar over, at det ikke er min skyld, men følelsen vinder over fornuften. Jeg banker mig selv i hovedet. Hvorfor skal jeg altid gøre noget, der gør ondt på mine nærmeste?!

Jeg arbejder om formiddagen (hjemmefra), men er så træt så træt og kan slet ikke koncentrere mig.

Om aftenen går jeg for 10. gang på sundhed.dk, og der er svar på 1. prøve af den lille tumor, ingen malignitetssuspekte celler!! Jamen det er jo godt, intet ondartet der. Jamen, jeg er da sikkert slet ikke syg så. Jubii, alt er godt, for selvom den sidste prøve mangler, så er den da sikkert også normal. Jeg sover godt den nat.

Det sidste svar kommer efter et par dage på sundhed.dk. Jeg begynder at ryste, da jeg ser den lange tekst med en masse tal og ord, og til sidst i notatet står der, "må afgøres ved operation".

Jeg er helt rundt på gulvet og skriver til mine kolleger, at jeg logger af computeren, for svaret er kommet, og jeg kan næsten ikke være i min krop. Mit hjerte hamrer og jeg er helt rundt på gulvet. Får sagt til Brian, at jeg har brystkræft, selvom jeg endnu ikke fatter beskrivelsen af min vævsprøve, men jeg kan mærke det, jeg har brystkræft.

De næste 2 timer slår jeg alle ord op, som jeg ikke forstår og læser notatet et utal af gange. Jeg forstår stadig ikke meget af det, måske at der er noget karcinom af en slags, men det er vist ikke noget aggressivt eller med spredning. Godt så, jeg må vente til mandag for at få en forklaring og videre tiltag. Jeg er okay igen, men hader denne venteposition!

Min familie

Det er vildt med alle de beskeder, som jeg har modtaget på Facebook og Messenger, det giver mig en fed energi. Både dem fra de helt tætte veninder og familie, men også fra gamle kolleger, nuværende kolleger, gamle veninder, min tidligere leder, bekendte og ja, en masse skønne mennesker, som alle har eller har haft en betydning i mit liv. Det giver mig så meget varme og håb at læse deres beskeder.

Jeg får et opkald fra Vejle Sygehus om, at de kan se mig i morgen i stedet for mandag, hvor er det fedt, så slipper jeg for at gå hele weekenden i det uvisse.

Brian har et møde i København i morgen med sit arbejde, så han desværre ikke komme med mig. Min søster, Carina, tager med mig i stedet.

Ellers har jeg ikke haft tid til at tænke så meget, da jeg har hjulpet Karoline med at pakke. Hun har nemlig fået nøglerne til sin lejlighed i dag.

Jeg går i seng med en følelse af styrke, og at det hele nok ikke er så slemt. Jeg elsker mit liv og alle menneskerne i det, og når jeg sætter det hele lidt i perspektiv, så sidder der nogle derude, der har det hårdt, så jeg skal ikke pive.

Det lyder mærkeligt, men jeg glæder mig til i morgen, har sådan brug for at få nogle svar og at få noget at forholde mig til.

KAPITEL 2 – LIVET UNDER ET BRYSTKRÆFTFORLØB

Diagnosen

Jeg kommer ind til samtalen hos lægen, og hun siger med det samme, at jeg har brystkræft.

Nu går det hurtigt, for der er tid til operation på mandag, hvor de vil fjerne de 2 knuder. På grund af min alder og størrelsen på den primære tumor skal jeg efterfølgende i 6-måneders kemoterapi, medmindre blodprøverne viser, at jeg er i overgangsalderen. Sideløbende vil jeg blive gen-testet, og hvis det viser sig, at jeg har det i generne, får jeg tilbudt fjernelse af begge bryster. Hvis ikke jeg har det i generne, foregår de næste 3-6 uger, efter kemoterapi, med daglig strålebehandling. Hun fortæller mig, at alt dette er fordi, jeg gerne skal blive 90 år, og det bliver jeg, siger lægen. Det er noget af et løfte, men jeg suger det til mig og vælger at tro på hende.

Jeg får spurgt, om jeg kan vente med operation til efter vores længe ventede sommerferie med alle vores dejlige unger. Svaret er meget klart, der er ingen der ved, hvornår kræften vil begynde at sprede sig, så hun anbefaler så hurtig operation som muligt. Med den forklaring er jeg jo helt enig. Lad os få det kræft ud af mit bryst og ud af min krop.

Hun siger, at jeg nok mister håret hurtigt, men lige nu er jeg fuldstændig ligeglad, jeg skal bare igennem.

Der er umiddelbart ingen spredning til andre organer i min krop. Lægen mener, at jeg har haft denne knude i flere år, på grund af størrelsen på den.

Inden jeg mødte til samtalen, var min holdning, at mit bryst skulle fjernes, men overlægen siger, at det er lige så sikkert, eller endda mere sikkert, med en brystbevarende operation, lumpektomi, og efterfølgende stråler. Dette skyldes, at hvis man fjerner hele brystet, vil der sidde kirtelvæv bagved, som ikke kan fjernes helt, og her vil der være risiko for, at der kan dannes nye onde celler.

Jeg får diverse bøger, pjecer og informationer med i hånden, får taget blodprøver og anæstesitilsyn og en meget lang og omfattende samtale med sygeplejersken. Jeg er meget fattet og i kontrol med mig selv. Min søster derimod er helt knust. Hendes eget sygdomsforløb kommer pludseligt tæt på igen. Jeg sidder nu her med en diagnose, som har givet mig angst siden jeg fik børn – KRÆFT – og så er jeg bare helt rolig, det er ikke til at forstå.

Jeg får ringet til Brian indimellem det hele og får informeret ham om situationen.

Mit store spørgsmål er nu, hvordan fortæller jeg børnene det? De er alle lidt forberedte, men det er meget anderledes nu, hvor det er virkelighed. Deres mor er ramt af kræft!

Jeg har brug for hjælp, jeg har brug for rådgivning, og Carina og jeg tager derfor over i Kræftpatienternes Hus og får en samtale med en kræftrådgiver – Det er meget grænseoverskridende, for det gør det hele så virkeligt, og nu er jeg ligesom en del af dét fællesskab.

Jeg får en samtale med en meget sød dame, som rådgiver mig i, hvordan børnene skal informeres - med åbenhed og ingen berøringsangst. De må godt se mig ked af det, for det giver måske dem en følelse af, at det er okay at være ked af det og ganske naturligt i sådan en alvorlig situation.

Vi kører hjem, jeg er stadig fattet og får ringet til mit arbejde, da jeg skal sygemeldes fra nu af. Jeg mener også, at jeg får ringet til min far og måske min mor. Jeg kan ikke helt huske turen hjem.

Jeg er træt og blæst bagover med informationer, pjecer og bøger.

Da jeg kommer hjem, er Brian ikke kommet hjem endnu. Carina går med ind, og vi siger til børnene, at jeg skal snakke med dem. Vi sætter os alle i sofaen, og jeg siger det, som det er, at jeg har fået brystkræft. De bliver selvfølgelig kede af det, men vi alle sammen er ret rolige.

Jeg aftaler med Molly, at når jeg begynder at blive tyndhåret, så får hun lov til at klippe håret af, det er hun helt med på. Hvor tit får man lige den chance som 9-årig?!

Dagen er klaret uden de store følelsesmæssige udsving, hverken gråd, vrede, tristhed eller andet. Jeg er mere praktisk og fokuseret på børnene.

Sygehuspersonalet siger, at det er helt naturligt.

Planen er nu: Operation på mandag, campingferie i Ebeltoft tirsdag og indtil da prøver jeg at rumme mine tanker og følelser

Lørdag kommer min veninde gennem rigtig mange år, Mia, på besøg. Vi sidder på terrassen og deler en flaske Rosévin. Jeg får sagt til hende, at denne gang har jeg brug for al den hjælp, jeg kan få – noget jeg normalt er ret dårlig til. Jeg er en svær veninde at hjælpe, da jeg altid lukker mig inde i mig selv, når noget bliver svært. Jeg tager ikke telefonen og giver dem ikke en chance. Denne gang ved jeg, at det ikke kun handler om mig, men også om mine børn og Brian, så jeg har brug for hjælp, VI har brug for hjælp som en familie.

Det er virkelig dejligt at snakke med Mia, jeg ved, at hun vil være der for os.

Operation

Brian og jeg møder til nålemarkering af den lille knude, og jeg får sprøjtet radioaktivt stof ind i brystvorten. Så er jeg i gang, og jeg er faktisk ret nervøs, er bange for at jeg ikke vågner fra narkosen, men lægen overbeviser mig om, at jeg selvfølgelig vågner igen.

Hun tegner på mit bryst, og jeg bliver ret overrasket over at se, hvor meget, hun skal skære i mig, hele vejen rundt om brystvorten og fra bryst til under armhulen.

Det er et fantastisk personale, jeg møder, og alle er kendte ansigter fra mine tidligere besøg på Afdelingen. Det giver mig noget tryghed, hvis man kan være tryg i sådan en situation.

Jeg skifter til sygehustøj og bliver gjort klar til operation. Jeg sender Brian hjem, da jeg bare har brug for at sove. Kl. 11.30 bliver jeg kørt til operationsgangen og er hurtigt i dyb søvn.

Da jeg vågner, er det hele overstået, knuderne fjernet og 3 lymfeknuder ligeledes. Man fjerner lymfeknuderne for at tjekke, om det har spredt sig. Jeg er helt groggy og har ondt. Det næste stykke tid står på smertestillende medicin, kompressions-BH og afslapning, da jeg ikke må løfte mere end 1 kg.

Brian kører mig hjem på sofaen, Molly er hos min lillesøster, Maria, og hendes familie. Jeg er træt.

Nu er det bare at vente på min næste tid hos lægen til svar på prøverne, om de har fået taget nok ud fra brystet, og om det har spredt sig til lymfeknuderne. Tiden indtil da skal jeg komme mig efter operationen og hele, inden næste fase starter - kemoterapifasen - den mest frygtede fase for mit vedkommende. Jeg er ret dårlig til at have ondt og til at være dårlig.

Dagen efter operationen tager vi på camping i Ebeltoft.

Jeg spiser smertestillende 24/7, da det hiver og trækker i mine sår. Højre arm må jeg ikke bruge så meget eller løfte ting med, så jeg føler mig lidt udfordret. Molly er stadig på krykker/kørestol, og når jeg ikke kan være hendes hjælpende hånd, som jeg plejer, så er det hele ret udfordrende og til tider uoverskueligt.

Jeg nyder dog samværet med familien, og synes også, at vi er gode til, at kræften ikke skal fylde det hele. Sygeplejersken fra Vejle Sygehus ringer til mig, og vi får en god snak. Hun stiller de rigtige spørgsmål og giver gode råd omkring hele situationen. Efter samtalen kommer tårerne endeligt. Jeg græder og græder. Det er et mega dårligt tidspunkt, da Molly, mine niecer og nevøer er ude i forteltet ved siden af. Alt bliver så virkeligt og alvorligt og pludselig, i det øjeblik, går det op for mig, at jeg har fået brystkræft, og at jeg skal igennem et langt forløb, når vi kommer hjem, at børnene skal opleve deres mor være dårlig og halvt til stede, mig som altid er der for mine børn. Brian kommer ind til mig, og er der igen for mig. Jeg siger det ikke nok, men hans omsorg er så fantastisk! Han hjælper mig, træder til, hvor jeg ikke kan, snakker med mig, henter ting på tanken til mig kl.

sent om aftenen, og han vil så gerne være med i planlægning og beslutninger.

Ja, han mangler bare at gifte sig med mig igen, det sker ikke, og det er okay, for han er en fantastisk kæreste. Mine børn skal også nævnes her, da de også er helt fantastiske, taler åbent om det hele, krammer og giver mig omsorg, alt sammen på den gode måde, så jeg stadig har mor-rollen. Vi tager noget før hjem fra ferien end planlagt, da vi alle har brug for at være hjemme i trygge og rolige rammer lige nu.

I denne periode får jeg lavet en lang shoppeliste, inden fase 2 begynder. Jeg skal jo lige have lidt lækkert tøj, læbestifter og ja tørklæder til mit snart skaldede hoved, så selvtilliden kan fodres lidt.

Klokken er 3.20, og jeg kan ikke sove. De fleste nætter er lange og fyldt med alle mulige tanker.

Brian og jeg har i dag snakket om, at vi føler, at vi står udenfor og kigger ind ad et vindue eller ser en dårlig film, hvor vi selv er hovedpersonerne, en meget underlig følelse. Noget, der også fylder i mit hoved, er børnene, og hvordan vi hjælper dem bedst igennem forløbet, når behandlingen starter. Lige nu skal de forholde sig til, at jeg er syg, men det ses og mærkes ikke på mig. Inden længe vil det være synligt og have indflydelse på vores hverdag og liv. Hvor er det synd for dem!

Jeg føler mit liv er delt i to, livet før kemoterapi og livet under kemoterapi. Der er så meget jeg gerne vil nå, inden behandlingen starter. Jeg vil hygge med pigerne, male og indrette soveværelset, hvis jeg får mange sengeliggende dage (frygter det værste), have gjort rent alle steder; bilen, huset, campingvognen. Nogle af tingene er ordnet, men har ikke energi til det hele, for vi er så trætte og tømt for energi og overskud. Vi har været en del ude og spise, har været i biffen, og vi skal til Givskud zoo i morgen, alle de ting, som jeg måske ikke får overskud til i en lang periode. Jeg har det som om, at alt skal nås inden torsdag, hvor vi skal på sygehuset igen.

En dansk politiker er død af brystkræft, og det sætter også nogle tanker i gang. Man kan dø af det shit.

Mine operationssår mærkes, hver gang jeg bevæger armen, og en pude under armen er blevet min faste følgesvend, da det lindrer lidt.

Mit liv er jo faktisk ikke kun delt i to, for der er også et langt liv efter kemoterapi, men det kan jeg slet ikke forholde mig til lige nu.

Jeg og Brian tager til samtale på sygehuset, og de fortæller os, at alt kræft er fjernet ved operationen, dog kan man aldrig vide, om en kræftcelle er gået i storetåen eller andet sted i kroppen, så derfor starter jeg med kemoterapi på tirsdag efterfulgt af strålebehandling og 10-års antihormonel behandling.

Det er en ambivalent følelse, da jeg er glad for, at alt er væk, men samtidigt er det nu, at jeg skal til at føle mig syg. Nu begynder det hele, alt det jeg har frygtet. Jeg er helt tømt for energi og har fået mange informationer hele dagen, så jeg lukker ned og lægger mig til at sove.

Kemobehandling

Prøverne viser, at jeg ikke er i overgangsalderen eller på vej til det, så derfor er kemoterapi min behandling de næste mange måneder. Første kemokur er løbet ind i armen i tirsdags, flydende rød gift, den hårdeste på markedet.

Min veninde, Mette, tager med mig og er en fantastisk støtte. Humøret er okay, og da jeg kommer hjem, er jeg faktisk også okay de første 2 timer. Derefter kommer det hele væltende. Koldsved, kvalme, hovedpine, træthed og utilpashed i hele kroppen. Jeg sover det meste af tiden.

Dagen efter er det et lille my bedre, men jeg er stadig sengeliggende og psyken driller lidt. Jeg får det dårligt af at tænke på alle de bivirkninger, tab af hår, væske i kroppen osv. Kan slet ikke holde ud at se på mine indkøbte tørklæder. Vil bare tage afstand til den pokkers sygdom og behandling.

Jeg kan hverken spise eller drikke.

Alle omkring mig er så søde, i går hyggede Molly med mormor og i dag er hun hos min veninde, Karina og hendes datter. Det betyder alverden for mig, at hun er i trygge hænder og ikke skal se mig have det så dårligt.

Min søster har været her, og hun er en fast klippe og støtte, som jeg kan regne med 24/7, og Brian gør alt for, at jeg får det bedre. Han gør rent, så jeg ikke får bakterier hos mig, laver mad og fortæller mig ret ofte, at jeg er sej, og om aftenen kommer han ind i soveværelset og spiller guitar for mig.

Virkeligheden går op for mig nu, og alvoren i det hele, som man ikke kan negligere med læbestift og lækkert tøj. Jeg er glad for den måde, jeg har tacklet det hele på, for det har gjort situationen udholdelig og til at være i, både for mig og mine nærmeste. Jeg føler dog anderledes nu, kan ikke bære at skulle gå ud med tørklæde på, så alle kan se, at jeg er syg. Hvorfor har jeg dog ikke valgt en paryk i stedet?!

Jeg har valgt, at mit hår skal af i morgen, da jeg tror processen er nemmere for mig psykisk, hvis jeg selv vælger at klippe det, fremfor at det falder af i totter.

Det giver mig helt kvalme og ubehag at tænke på…
mere ubehag. Jeg fortryder, at jeg ikke har valgt at få
det væk inden min 1. kemoterapi, da jeg havde mere
psykisk og fysisk overskud, og mens jeg syntes, at det
hele var "a piece of cake". Nu har jeg det så fysisk
dårligt, at jeg ikke kan klare det psykiske i at miste
mit hår, for jeg er angst for at miste kontrollen, angst
for at miste mig selv og angst for at blive mere
fremmed.

Næste stop er ny lille operation, da det viser sig, at
mine årer er svære at stikke i, og jeg har adskillige
blodprøver og behandlinger til gode, så de indopererer
et Port a Cath, som fremover er kanalen til mine
blodårer. Så den næste tid kommer til at gå med ro og
operation inden 2. kemoterapi.

De første 5 dage efter 1. kemoterapi er slemme, og
her er jeg sengeliggende. Så kommer energien
langsomt, og jeg har behov for at indhente de
sengeliggende dage overfor børnene, så vi tager på
shoppetur, i Legoland og på stranden.

Mit udseende fylder meget i mig, er så ked af det skaldede look, føler mig ikke feminin og attraktiv, kan slet ikke kende mig selv, og folk kigger, jeg udstråler sygdom, kræftsygdom.

Cirka 14 dage efter kemoterapien er jeg så træt og har ondt i min mund, eller nærmere smerter i min mund.

Om aftenen får jeg feber, 38,0. Når den er 38,3 skal jeg ringe til Kræftafdelingen, for så skal der tages prøver, status på infektion og immunforsvar.

Om natten falder den til 37.7, så jeg lægger mig til at sove. Vågner om morgenen og har 38.9 i feber. Jeg kontakter afdelingen, som henviser mig til isolering på Kolding Sygehus, for at få taget Coronatest, før de må sende mig videre til Onkologisk Afdeling.

Efter 3 timer får jeg svar på Coronatesten, og den er negativ. Jeg bliver overflyttet til Onkologisk Afdeling på Vejle Sygehus til behandling, da mit immunforsvar er helt i bund.

Jeg skal være indlagt i mindst 5 dage med antibiotika i drop og injektioner i maven for at booste mit immunforsvar.

Jeg kan næsten ikke klare, at jeg skal være væk hjemmefra så længe, det har jeg aldrig prøvet før.

På Onkologisk i Vejle møder man alvoren, hører andre menneskers historie, som går lige i hjertet på mig, for det er barske sager. Møder andre brystkræftramte, alle hvor det har spredt sig.

Det giver mig nye bekymringer, som jeg prøver at skubbe væk, jeg magter ikke at slås med psyken også, nu skal min krop på ret køl, så jeg kan komme hjem. Dog er det svært at undgå, for jeg ligner ikke mig, og jeg føler mig ikke som mig. Lige nu føler jeg mig som en på 80 år, men indeni er jeg mig, og vil så gerne bare være normale mig hele vejen rundt! Under indlæggelsen er jeg virkelig dårlig, og mine blodprøver er helt i bund, mit immunforsvar er så lavt, så det ikke kan arbejde selv. Jeg har svært ved at spise og drikke, da jeg mister appetitten. Jeg ligger badet i sved om natten, jeg lugter af sygdom, og folk omkring mig ser syge ud. Jeg beslutter mig for at starte kampen for at få mad og drikke ned, kampen for at blive frisk igen. Dette gøres ved, at jeg vil lukke alt ude og gå helt ind i mig selv, når jeg spiser. Jeg tager min bakke med mad, sætter mig et sted, hvor jeg er helt alene. Den mindste dråbe på bordet eller krumme fra en anden patient gør, at jeg mister appetitten igen. Afdelingen ligger på 7. sal, så når jeg spiser, sidder jeg med udsigt over hele sygehusområdet og en masse hustage i det fjerne. Her kan jeg koncentrere mig om ikke at se, lugte og mærke sygdommens tegn. På den måde lærer jeg at spise lidt hver dag.

Det er svært for dem derhjemme, at jeg er her, de er vant til at jeg altid er der, og jeg savner dem. De kommer heldigvis og besøger mig på skift, og min søster og veninde Karina har været her, og det er så dejligt at se dem. Min mor har en hyggedag med pigerne, hvor de skal lave mad og spise sammen. Mia har været hjemme ved mig med et stort lækkert frugtfad, og jeg har fået blomster af flere.

Jeg har aflyst min operation i næste uge, da jeg ikke tør. Jeg er bange for, at jeg ikke vågner igen (her er det lige min angst, der taler), og samtidigt orker jeg ikke mere lige nu, vil gerne nå at have et par okay-dage inden næste kemoterapi.

Jeg er kommet hjem efter indlæggelsen, som varede i
6 dage. Det er så dejligt at komme hjem, og jeg har
det nogenlunde, dog er trætheden over mig, og
energien fuldstændig væk.

Selvtilliden har her fået et knæk, jeg er alt andet end
feminin. Jeg har derfor skrevet til en skøn kvinde fra
en lokal tøjbutik med henblik på at købe en kjole. Hun
har været her og afleveret kjolen i min postkasse, så
på med læbestift, smil og tid til at pleje mine feminine
sår

Karoline og jeg sidder på sygehuset og er ved at få
min 2. kemobehandling. Doseringen er mindre, da
min krop reagerede så voldsomt sidst, og jeg ikke
gerne skulle ende med indlæggelse hver gang. Mine
blodprøver er fine, men mit immunforsvar er kun lige,
som det skal være for at må få kemoterapi. Tallet skal
være på 1,5, og mit er på 1,6, så det går heldigvis. Var
meget spændt på det, nu når jeg ikke får boostet mit
immunforsvar med sprøjter mere.

Anæstesisygeplejersken kommer forbi og vurderer, om jeg kan undgå en port a cath, hvilket jeg heldigvis kan i første omgang. Løsningen er, at jeg inden hver behandling møder ind hos narkosesygeplejersken til ilægning af drop. Jeg er så glad for den løsning, for orker ikke en operation og mere sygehusbesøg end nødvendigt.

Karoline og jeg køber lidt mad på vej hjem fra sygehuset, så jeg lige kan blive tanket lidt op, og så er det ellers bare hjem og lægge sig, mærker allerede sløvheden og svimmelhed fra kemoterapien.

Brian lægger sig ind til mig i sengen og fortæller mig, at han elsker mig, og han lige vil sige det, inden jeg forsvinder fra dem igen. Det er så rigtigt, når jeg får kemoterapi, forsvinder jeg, jeg går ind i mig selv både fysisk og psykisk.

Er han ikke dejlig?!! Er taknemmelig for ham og børnene, som er så hjælpsomme og omsorgsfulde.

2. omgang kemoterapi er virkelig et monster med spidse kløer, savlende, slimede mundvige og vorter

overalt. Jeg er sengeliggende i 7-8 dage, hvor det eneste, jeg orker, er at børste tænder og tage min nødvendige medicin.

Jeg føler giften rundt i min krop, lugter af gift og tisser gift ud.

Flere gange overvejer jeg at ringe og afbryde min behandling, for jeg føler, at kemoterapien gør mere skade i min krop end gavn, og at risikoen for at jeg har kræftceller tilbage er så lille, at det måske er overbehandling. Men jeg tør selvfølgelig ikke at afbryde behandlingen, jeg har et ansvar overfor mine børn, jeg kan ikke byde dem at stoppe kampen.

Min krop føles fremmed indeni, alt kraft er suget ud og hver en bevægelse er i slowmotion.

Det er svært at forklare, men ovenstående beskrivelse er nok det tætteste, jeg kan komme på det.

Efter 8 dage får jeg det en lille smule bedre dag for dag. Begynder igen at føle mig som Rikke, Rikke som jeg kender. Energien er dog lav, og jeg slapper af og er sengeliggende meget af tiden, da jeg er svimmel konstant, men mit blodtryk ligger også konstant omkring 85-90/55.

Sidste omgang af den hidsige kemoterapi er på mandag, og så skal jeg derefter starte på en anden slags, en slags som har nogle andre bivirkninger, end dem jeg kender til. Det vil være behandling én gang om ugen de næste 9 uger.

Jeg ude alene for første gang i flere måneder. Mine skønne kolleger kommer til Fredericia og mødes med mig på en café. Det er så dejligt og hyggeligt at se dem, komme ud og grine, snakke og føle mig som andet end "syge Rikke".
Jeg spreder lige lidt guldstøv over min familie, som er helt fantastiske i alt det her. Vores hjem er rart at være i. Rart på den måde, at jeg føler, at der er rum, plads, positive tanker og ærlighed.

Det er den 20. september 2020, og jeg vågner ved, at der pusles i huset, Molly er ved at samle tropperne og gøre klar til morgensang, fødselsdagssang for mig.

Jeg har fødselsdag. Der er pyntet op, Brian og pigerne har købt og lavet en masse gaver til mig.

De laver et overdådigt brunchbord, og det er en super dejlig fødselsdagsmorgen. Vi hygger, snakker og griner.

Følelsesmæssigt er det en blandet dag i dag.

Herhjemme render de rundt og gør alt for at give mig en god dag, men samtidig føler jeg deres pres over at hele situationen og de ekstra pligter herhjemme, når jeg bare ligger. Deres lunte er kort, og jeg har svært ved at takle det. Jeg føler mig som svag og en belastning, og de gør alt for at fjerne den følelse.

Fødselsdagen bliver ret følsom, og det ender med, at jeg sidder og tuder under aftensmaden, hvilket er noget, at de aldrig ser herhjemme, altså mig græde.

Men det er faktisk meget godt, for der bliver talt og luftet ud og aftalt, at det er bedre at spise leverpostejmadder, spille spil og være nærværende, end at bruge krudtet på alt muligt andet.

Resten af aftenen er utrolig hyggelig, vi putter os i sofaen med film og hygge.

Fredag begynder jeg at få det dårligere og lørdag får vi besked om, at der er Corona i Mollys klasse, så hun skal i hjemmeisolation og testes x 2. Det sætter selvfølgelig en masse bekymringer i gang.

Min krop kæmper med at slå feber ned, og lørdag aften er jeg næsten sikker på, det ender med en indlæggelse igen. Jeg tager heldigvis fejl, for min krop begynder selv at kæmpe og slår feberen ned igen.

Min temperatur stiger igen, men holder sig under grænsen for hvornår afdelingen skal kontaktes. Coronasituationen i Fredericia er bekymrende i øjeblikket, og lige nu er det mere skræmmende end noget andet, da jeg ikke ved, hvordan min krop vil reagere på Corona. Hvis min angst kunne tale, ville den sige, at skrækscenariet er, at min feber stiger, og jeg bliver indlagt, hvor jeg bliver testet positiv for Corona. Det vil medføre isolation, og fordi min krop er på overarbejde, vil jeg dø. Alt dette uden at mine børn for sagt farvel til mig, og uden jeg får fortalt, at de skal leve livet, danse, grine, føle kærlighed og altid vide, at jeg elsker dem og vil være i deres hjerter for evigt.

Dette var HVIS min angst kunne tale, og nu gav jeg den lige en lille stemme ved at fortælle ovenstående skrækscenarie, men mere får den ikke lov at fylde, for ovenstående kommer aldrig til at ske, da nærmest ingen dør af Corona herhjemme længere på grund af behandling. Det lyder måske ikke sådan, men jeg har faktisk godt styr på angsten.

Det viser sig heldigvis, at Mollys Coronatest er negativ, hvilket er så vigtigt lige nu.

Ny type kemoterapi

Så er jeg nået til en ny omgang kemoterapi i en række af 9, den nye slags, som skulle være mildere end den forrige slags. Efter sidste behandling, har jeg været meget sengeliggende på grund af svimmelhed.

Da kemoen pumper ind i min krop, bliver jeg oversvømmet af en ubeskrivelig træthed. Jeg sover, mens det løber ind, sover i bilen på vej hjem og sover 3 timer efter jeg kommer hjem. Så nu burde jeg være veludhvilet, men nej - jeg er træt i knogler, led, hoved og celler. Det er okay, for jeg tænker, at jeg i morgen er tilbage til min "almindelige" træthed og min småsvimle krop.

Onsdag står den på camping resten af ugen, hvilket jeg glæder mig til, hygge og natur skal fylde vores dage, og ikke mindst middagslur. Naturen er begyndt at gøre noget for mig, noget godt og uforklarligt.

Jeg skal om 3 uger starte på Krop og Kræft, som er et fællesskab, hvor vi er 8 kræftramte, som mødes og træner. Det skulle være virkelig godt, og gøre forløbet med kemoterapi nemmere at komme igennem. Jeg tænker, at det bliver hårdt, men jeg SKAL med, for jeg kysser alt sundhed velkommen og fællesskab er skønt! Derudover ville et vægttab også være sundt for mig og ikke mindst klædeligt.

Mit hår vokser lidt, og jeg glæder mig så meget til at det kommer rigtigt frem. Jeg har skrevet det før, men kan ikke skrive det nok, at det at have hår, har en stor betydning for mig. Uanset hvor meget jeg gør ud af mig selv nu, så får jeg ikke den følelse af, at hende i spejlet ser lækker ud.

Jeg savner mine kolleger og min almindelige hverdag, og de er så fantastiske til at skrive til mig og sende mig tanker.

I øjeblikket er der meget i medierne om Støt Brysterne, og det er et helt fantastisk arbejde, der bliver gjort. Vildt som det kan samle mennesker derude. En dag, når jeg er på den anden side, så vil jeg gøre en forskel i den retning.

Min tid går med træning, behandling og en del søvn.

Jeg er startet på Krop og Kræft. Et 6-ugers forløb, hvor vi mødes x 4 i ugen og træner sammen. Vi har en fysioterapeut og en sygeplejerske fra Onkologisk Afdeling tilknyttet vores hold. Det er virkelig hårdt, men samtidig så befriende at mødes med de her skønne mennesker.

Vi møder ind hver morgen til sygeplejerskesamtale og får målt værdier samt en kort snak om, hvordan det går.

Når jeg kommer hjem, sover jeg middagslur og prøver at komme ud af sengen inden Molly kommer hjem. Jeg bliver mere og mere træt i hele kroppen og behandlingen sætter sine spor. Nogle dage ligner jeg en voksfigur, hvor alt blod er sivet ud af kroppen. Mine fingre og tæer driller i form af føleforstyrrelser. Det kan i værste fald betyde, at jeg kan få varige nerveskader, som gør det svært at taste på tastatur, knappe knapper og andet. Det kan være ret invaliderende, og derfor tager de det meget alvorligt. De vil vurdere hver gang, om jeg skal have mindre dosis, holde pause eller stoppe med kemoterapien.

Nerveskaderne kan også komme efter endt behandling, så det er ret skræmmende.

For at mindske risikoen sidder jeg med ishandsker og isfutter på under behandlingen, og det er KOLDT!

Da jeg er cirka halvvejs i mine behandlinger, nævner sygeplejersken for mig, at det nu måske er tid til at skrue ned for min dosis af kemoterapi, hvilket går stik imod mine planer. Min plan er, at behandlingen skal have fuldt skrald, så jeg er sikker på at slå alt ondt i mig ihjel. Det lykkes mig nogle gange at fastholde dosis, men de sidste gange af behandlingen følger lægen mig tæt, og hun beslutter at skrue ned for doseringen. En beslutning, som jeg ikke har indflydelse på, siger hun, for hun ved hvor svært det er for mig at give accept til det. Jeg har brug for, at nogle andre tager de svære beslutninger for mig, og det gør hun. De tager mine føleforstyrrelser meget alvorligt.

Kemohjernen er også begyndt at vise sig, jeg glemmer oftere og er mere distræt end vanligt. Det kan tage 1 år efter endt behandling, før man kognitivt er sig selv igen.

Jeg fatter stadig ikke alt det, der sker, fatter ikke helt, at jeg er en af dem i kræftstatestikken, dog ligner jeg jo de andre på krop og kræft-holdet, og har meget tilfælles med dem, men det kommer alligevel ikke helt derind, hvor det mærkes. Det er underligt, når ens mareridt bliver til virkelighed, og at jeg så slet ikke reagerer på det.

Jeg har onlineshoppet til pigerne, adventsgaver, og har lyst til at gøre julen særlig i år, så der er pyntet tidligt op. De fortjener det bedste.

Jeg er så taknemmelig for måden, de tackler det hele på, jeg er en stolt mor, en stolt mor med en smule dårlig samvittighed, når energien og overskuddet svigter. Det ville være mærkeligt, hvis det ikke påvirkede mig.

Alle de sygehusbesøg giver mig kvalme efterhånden. Den samme trummerum uge efter uge. Først møde hos Anæstesien til anlæggelse af venflon, som giver mig en smag af saltvand i munden, når de skyller igennem. Jeg kan næsten ikke holde den smag ud. Lugten af saltvand, sygehus og kemoterapi hænger konstant fast i næsen på mig, og jeg er fyldt op af det. Håber ikke jeg lyder for negativ, for det er jeg ikke, jeg holder hovedet højt, og har fået en god nyhed: Jeg har IKKE gen for brystkræft, så mine piger er ikke i større risiko for at få det end andre. En god og meget vigtig nyhed.

Togrejsen

Jeg sidder midt i min kemobehandling og får en god snak med min sygeplejerske. Hun ser mig, hører mig og giver mig en taletid, som jeg ikke vidste, at jeg havde brug for.

Min indre mentale kriger er stadig i gang, dog er den lidt i knæ nogle dage. Der sker meget i mig fysisk og mentalt, og min krop ændrer sig og mit eget spejlbillede og identitet er ved at ændre sig. Jeg prøver at forholde mig til det hele og finde mig selv i det, nogle dage er det lettere end andre.

Jeg har i dag, som nævnt, haft en virkelig god og brugbar samtale med min kontaktsygeplejerske, som gav mig en mulighed for at få sat ord på, et frirum med plads til at tale om ting, der lurer i mig, men som ikke er kommet så meget frem, da jeg ikke vil føle mig ynkelig, som et offer, belastende eller hypokonderagtig. Jeg er jo ikke ved at dø, og er jo faktisk kræftfri nu, så føler ikke jeg kan tillade mig at være ked af det, føle mig alene med mine tanker eller opføre mig som værende i krise eller syg. Dog er fakta bare, at jeg er midt i et hårdt forløb, som sætter alle tænker og følelser i gang, nye tanker, nye følelser, en meget ændret hverdag og ikke mindst en anderledes Rikke.

Min sygeplejerske kommer med en god billede-forklaring: Jeg er sat på et tog, hvor Onkologisk Afdeling styrer toget. På et tidspunkt stopper toget på en perron, og når det sker, der det vigtigt at vide, hvor man er.

Dette betyder/tolker jeg som, at jeg skal få dealet med, hvad der sker i mig undervejs og tag det i bidder, snak ærligt om det, så jeg ved hvor jeg er, når de stopper toget, for det vil være en anden Rikke, der hopper af toget, end da jeg stod på i juni.

Det behøver ikke være negativt, men det er en udvikling, som kan være positiv og en god udvikling.

Men hvis mine nære ikke er med på rejsen, så kan jeg miste dem undervejs, da der sker så meget inde i mig.

Vi taler om det, at man ændrer sig i sådan et forløb, og at det er naturligt, da behandlingen sætter sine spor. Hun råder mig til at sige det højt. At være åben om mine tanker og følelser, hvilket også kan hjælpe folk omkring mig. Det er svært, for jeg føler ikke, jeg har en, som står mig så nær, at vi kan tale om mit forløb i dybden, og jeg er heller ikke sikker på, hvad jeg skal sige. Jeg savner mine veninder, jeg mærker dem ikke så meget og ved ikke, hvor de er i alt det her. Dette skal ikke høres som en klage, for det er slet ikke meningen, og jeg har ingen bebrejdelser, for det er sikkert ikke nemt at være vidne til et sådan forløb, men jeg har brug for åbenhed omkring det hele. Coronasituationen gør det heller i nemt for mine pårørende, da der er restriktioner, der skal overholdes.

Jeg har Brian og børnene helt tæt i dette her, og de gør også en stor indsats, samtidig med, at de også i deres eget forløb som nært pårørende. De sidder i togkupeen med mig.

Jeg har ikke selv overskuddet til at ringe og tale med mine veninder, og jeg får ikke ringet og bedt om hjælp, for det er ikke så enkelt. Jeg ved ikke, hvad jeg skal sige til dem og vil ikke være til besvær. De har jo alle deres egne familier og liv.

Min søster ringer til mig næsten hver dag, så hun ved hele tiden, hvad der sker, og hvad der rører sig i mig, og her er der fuld åbenhed og plads til tale. Jeg er taknemmelig for hende, for, som tidligere nævnt, har hun har selv været i et kræftforløb, som giver hende en forståelse. Det er dog hårdt for hende, da hendes egen situation rører sig i hende og bliver sat i perspektiv. Men hun er der, og jeg er taknemmelig!

Min veninde, Mia, kommer med aftensmad til familien på mine kemodage, så hun er der bare helt vildt. Jeg er så taknemmelig for dette, at det er svært at sætte ord på. Hun gør en kæmpe indsats, som rører mig dybt. Hun er min veninde gennem mere end 30 år, som kender alle mine sider, gode og dårlige.

Min mor har virkelig taget sig godt af Molly, og de knytter bånd i det her. Igen er jeg taknemmelig!

Så jeg HAR jo folk omkring mig, og det er så dejligt. Der er bare folk i mit liv, som jeg ville ønske, hoppede med på toget…

Det har været meget svært at skrive dette afsnit, virkelig grænseskridende, for det giver mig en følelse af at sætte mig i en offerposition, som jeg ikke bryder mig om. Men med råd fra min sygeplejerske, hjælper jeg mig selv og andre på rejsen ved at lave en revne i min skal/maske indimellem og lade følelserne komme ud og selv give plads til åben kommunikation.

En tid uden behandling

Min kemobehandling er slut, hvilket er ubeskriveligt skønt. Det er virkelig en milepæl, dog kommer næste skridt tæt på, hvilket jeg hele tiden har skubbet væk og ikke givet mange tanker. Næste skridt er strålebehandling og antihormonbehandling. Strålebehandlingen er i 4 uger dagligt (jeg troede, det var 3 uger). Jeg har været til forberedelse og fået tatoveret 2 mini prikker, som de skal stråle efter. De første 5 gange stråler de, hvor knuderne var, og de næste 15 gange er på hele brystet. Bivirkningerne kan være meget træthed, smerter og rødme/hævelse, samt at man undervejs vil kunne opleve tør hoste, da det kan ramme lidt af lungen.

Udover det skal jeg starte på antihormonbehandling, som skal tages hver dag i 10 år, så jeg kommer til at gå i overgangsalderen, men den pris betaler jeg gerne for ikke at danne de hormoner, som danner knuder i mit bryst. Bivirkningerne kan være ret mange. Jeg har fået lov til at vente med opstart til 4. januar 2021, så jeg kan nyde julen med børnene uden humørsvingninger og andre trælse bivirkninger.

Mit træningsforløb, Krop og Kræft, er fuldendt. 6 uger med træning og gåture med nogle skønne mennesker. Det har været hårdt, men godt. Er virkelig stolt af mig selv over at have gennemført.

Jeg sidder nu her lillejuleaften og vi er Corona-ramt herhjemme. Vi er i isolation, så vi holder jul og nytår selv i vores lille familie, med afstand til hinanden. Det er virkelig et mærkeligt år! Vi får det bedste ud af det og nyder roen og hyggen. Ville dog ønske, at vi kunne være sammen herhjemme uden afstand.

Ingen har de vilde symptomer, så lad det blive ved det. Min strålebehandling er dog udsat til 4. januar 2021 indtil videre.

Jeg føler, at jeg er ved at komme lidt til mig selv igen, dog en mere træt version, men er ved at komme ud af den kemobobbel. Så dejligt!

Jeg har fået nogle nervegener, som er helt uudholdige, føleforstyrrelser i fingerspidserne på højre hånd og en enorm uro i benene, især om natten. Kan ligge vågen i

3 timer, trods enorm træthed og må op at gå, sidde,
massere ben og fødder. Jeg bliver helt desperat, men
kan ikke få det væk. Det er forhåbentligt forbigående,
men det kan man endnu ikke vide. Jeg vælger at tro,
at det går over igen.

Jeg sender en tanke til alle de fantastiske mennesker,
som har sendt mig en tanke, et par ord, blomster,
gaver. Det har været så vildt og fantastisk. Jeg har fået
en bog, vase med tørrede blomster, en engel, snolder,
vin, armbånd, julekugle samt de sødeste ord, som går
lige i hjertet på mig, ord fra nære venner og familie,
kolleger, tidligere kolleger og de dejligste beskeder
fra tidligere veninder, hjælp til at handle og hente
pakker fra familie og veninder. Jeg er så
taknemmelig. Jeg er vild med dem alle.

Stråleterapi

Jeg er kommet i gang med næste fase, stråler og antihormonbehandling.

Status er, at jeg har fået stråler i 10 dage og mærker meget lidt til det endnu, så det er dejligt.

Min uro i benene er stadig til stede, især om natten, så jeg får meget afbrudt søvn, og det påvirker min dag.

Antihormonbehandling har en liste så lang af bivirkninger, så jeg er ret træt over de små piller, men ved jo også godt, at det er forebyggende for ikke at få brystkræft igen.

Jeg er snart ved at være ved vejs ende i forhold til behandlingen, hvilket er lidt ambivalent, for jeg er blevet holdt i hånden og ført igennem siden juni måned. Nu skal jeg snart selv finde tilbage til et normalt liv med arbejde og ingen ugentlige sygehusbesøg. Jeg har hørt, at det er i det øjeblik, at nogle får det svært, føler en tomhed og står tilbage med en masse tanker og følelser og en angst for recidiv, som skal læres at håndteres.

Jeg kan endnu ikke sætte mig ind i det, men er jo stadig også midt i det og glæder mig bare til at komme på den anden side og finde mig selv igen.

Jeg har fået lavet øjenbryn, helt underligt at se, da det ser lidt voldsomt ud i starten og især, når jeg er skaldet og samtidig ingen vipper har (de er først faldet af indenfor de sidste par uger). Jeg tror, at mine øjenbryn bliver gode, når det er helet.

Karoline er nu flyttet fast til Aarhus, da hun har fået arbejde der, det kræver noget tilvænning for os alle, for vi har været meget sammen i lang tid både på grund af Corona og min sygdom. Vi savner hinanden, men det er dejligt for hende, dejligt at få startet sit liv op deroppe.

Jeg har nogle beskedne ønsker for år 2021, udover at mødes meget mere med venner og familie:

1.   Sommerferie i Frankrig, hvis det er Corona-muligt

2.   Samle mine veninder, bekendte og alle de tøser, som har lyst til at fejre livet, spise god mad, drikke for meget vin, grine og sludre hele natten

Derudover vil jeg bare prøve at nyde livet og prøve at være den bedste udgave af mig selv. Dette gælder som mor, kæreste, datter, søster, veninde og kollega. De sidste mange måneder har jeg ikke været optimal i nogen af de roller. Mor-rollen har været min førsteprioritet, og meget mere har der ikke været overskud til. I 2021 skal der blive overskud til at udfylde alle rollerne.

KAPITEL 3 – LIVET EFTER BRYSTKRÆFT

Tilbage til livet, jeg er godt på vej. Er startet roligt op med arbejde, 3×3 timer ugentligt, og det er så fint. Mit hoved er på overarbejde, og skal lige have opfrisket alting, men jeg nyder det, nyder at være til gavn og nyder at være en del af fællesskabet med mine kolleger.

Jeg er fyldt med lykke og glæde over livet og haft selvtillid, f... janteloven, for jeg føler mig smart, pæn og sej (fedt tøj og makeup gør underværker samt daglig let motion). Det er virkelig en fed følelse, som slet ikke har eksisteret i mit sygdomsforløb. Mine børn har det godt, vores hus er fyldt med kærlighed og ikke mindst jeg er kræftfri! Normalt, når alt er godt, så lurer angsten for at noget skidt venter om hjørnet. Den angst føler jeg slet ikke nu, og det gør, at jeg kan nyde livet, og det gør jeg.

Foråret er at mærke, jeg har fået 1. Corona-vaccination, og det er så skønt.

Jeg er set af en dygtig neurolog og har derved fået konstateret restless legs syndrom, formentligt trigget af kemoterapien. Det giver søvnløse nætter, men den pris betaler jeg gerne for at være kræftfri. Hun anbefaler, at jeg opstarter Parkinsons-medicin, som kan afhjælpe uroen. Et præparat fyldt med bivirkninger, dog skal jeg have det i en lille dosis, så jeg skulle gerne gå udenom alle de bivirkninger. Jeg beslutter mig for at afvente med medicinen, og se tiden an, måske går uroen i benene over af sig selv. Jeg er opstartet antihormonbehandling og mærker heldigvis ikke meget til det.

Livet er godt, og jeg er taknemmelig.

Følelser

Alt er godt, arbejdet kører, familien trives, jeg er sund og gør noget godt for mig selv, og så rammer jeg muren... BANG... Alle følelser er i spil, stor klump tristhed i maven, angst og tankemylder, og hvorfor, hvorfor alle de følelser nu. Jeg tror, at jeg har svaret. Jeg har en aftale med Mia på den lokale pub, og det er en aften, hvor der bliver grint, snakket og virkelig hygget. Jeg har ikke været ude på den måde i over 1 år. Vi drikker nogle øl, faktisk ikke så mange, men jeg bliver alligevel beruset og træffer et dårligt valg - at ryge 2 cigaretter. Da jeg kommer hjem, er jeg skidt og kaster op.

Lige der burde jeg sige, at det har været en skøn aften, ja dumt at ryge, men faktisk bekræfter det mig bare i, at jeg ikke har lyst til at begynde igen, og ja er lidt fuld, men so what – Men det er ikke sådan stemmen i mig lyder, nej den fortæller mig, hvor dumt det er at drikke sig fuld og ryge smøger. Jeg har lige været igennem et kræftforløb, og så svigter jeg bare min krop på den måde. Jeg køber tøj i massevis og farver hår hele tiden, og hvorfor er det så vigtigt, det er da overfladisk, og jeg burde ikke rende på pub, men i stedet være hjemme og hygge med familien. Det er den stemme, jeg hører.

Søndag vågner jeg op med en stor knude i maven for første gang i hele forløbet. Jeg er ked af det og føler angst. Et kaos af tanker flyver gennem mig og jeg føler en indre uro. Brian sender mig ud på en løbetur, da det plejer at hjælpe.

Jeg hygger med familien hele dagen, og jeg nyder at vi er samlet. Inde i mig lurer angsten, men klumpen i maven forsvinder dog lidt i løbet af dagen. Søndag nat og mandag morgen er den her igen. Jeg skulle gå op i tid på arbejde i dag, men vælger at passe på mig selv og trække stikket og prøve at få styr på mine tanker og følelser.

Jeg føler min kærlighed til Brian og børnene x 1000, og alle følelser i mig føles meget stærkere, både de gode og dårlige.

Den pub-tur har trigget noget i mig, nogle følelser og en reaktion og desværre også min angst, angst for tilbagefald, angst for at miste.

På en måde er det rart at føle sådan og mærke en reaktion, for det har jeg efterlyst. Det er bare svært at rumme.

Det er vigtigt for mig at belyse, at selvom behandlingen er stoppet, så sker der så mange ting psykisk og fysisk efter et langt sygdomsforløb.

Jeg har virkelig svært ved at finde en balance mellem sygdom og normalisering af mit liv, og så at skulle sætte ord på er endnu sværere.

Jeg vil nødig være en, der kun kan snakke om sygdom, eftervirkninger og følgeskader, for det bliver for meget at høre på. MEN når det så er sagt, så er det blevet en del af mig, og det fylder mere, end hvad jeg har lyst til.

Før min ferie er jeg kommet godt i gang med at arbejde. Jeg er dog ikke nået op på fuld tid, som er planen, for der kommer lige en reaktion rullende ind over mig, og samtidig er det næsten et fuldtidsarbejde at være i et behandlingsforløb. Jeg går ugentligt til foddame med min venstre hæl på grund af en stor fodvorte (Ja, virkelig klamt!!), som ikke er særlig modtagelig for behandling, og som giver mig smerter, når jeg går. Derudover har jeg jævnligt samtaler med jobcenteret, (som har været helt fantastiske), en kontaktsygeplejerske, som har fulgt mig fra start, en socialrådgiver fra min forsikring, kontrol på Onkologisk, samtaler i Kræftpatienternes Hus, og kontroller hos egen læge, da jeg på grund af min angstmedicin pludseligt har QT-forlængelse i hjertet (en forstyrrelse af hjertets elektriske system), så jeg skal skære ned på angstmedicinen af nogle omgange for at se, om det vil normalisere sig. Men så heldig er jeg ikke og må derfor helt stoppe med min medicin. Om nogle uger skal jeg igen have lavet ekg, og så krydser jeg fingre for, at alt er okay.

Det betyder så, at jeg ikke tager angstmedicin mere, og det kan mærkes, Jeg føler alt meget mere, alt går i hjertet på mig, har let til tårer, hvilket slet ikke er mig ellers, og har af og til en knude i maven, som der ikke kan sættes ord på.

Jeg har nu haft 4-ugers fantastisk ferie med min skønne familie, og har i den periode lukket alt sundhedsvæsen og sygdom ude. Ja, har faktisk skubbet det væk, udskudt aftaler med kontaktpersoner og læger, så godt jeg kunne. Det betyder så også, at nu starter jeg op på arbejde på mandag, på nedsat tid, og så er kalenderen igen fyldt med kontroller, mammografi, ekg, psykologsamtaler, jobcenter, fodterapeut, samtaler med diverse kontaktpersoner, hvor jeg igen skal forholde mig til, hvordan jeg har det. Alt dette uden at tage min medicin, det er ret svært at overskue.

Udover dette bliver mine fødder mere og mere ømme, når jeg har ligget og skal op og gå, så ligner jeg en gammel dame, for har så ondt under fødderne, det går dog hurtigt væk igen. Jeg tænker, at det er påvirkning fra kemoterapien.

Jeg er så taknemmelig over, at jeg kom igennem behandlingen og kan kalde mig kræftfri, og så betyder alt det ovenstående jo ingenting, hvis man sætter det i det i perspektiv. Jo mere jeg begynder at ligne mig selv og være mig selv, jo mere kommer angsten så også snigende, angsten for tilbagefald, som kan tage det hele fra mig igen på et øjeblik.

Jeg øver mig i at slippe den tanke, være til stede i nuet, acceptere de følgeskader der er, sige det højt, når jeg er trist, fjerne alt hvad der hedder misundelse ud af mit system (virkelig en grim følelse, der kan æde en op) og nyde de små ting. Alt dette giver mig ro. Jeg ville ønske, at jeg også kunne skrive balance, men der skal lige arbejdes lidt mere med det.

Jeg skrev tidligere om drømmen om at tage campingvognen med til Frankrig i år, og det kom vi! Næste mål er en charterferie. Livet er bare fedest, når man har nogle drømme/mål.

Kampen om et almindeligt liv

Jeg kæmper nogle kampe, jeg kæmper arbejdsmæssigt især, da jeg har fået en deadline. Jeg skal være på 32 timer i midten af november og møde ind på arbejdet 3 gange ugentligt. Jeg arbejder ellers hjemmefra.

Jeg er i fuld gang med, sammen med min veninde Mia, at arrangere et kvindeevent til fordel for Støt Brysterne. Sidstnævnte er en lykkepille for mig. Det hele startede som en lille idé, men den voksede sig kæmpestor. Line Baun Danielsen og hendes søn Meelo kommer og holder oplæg og spiller nogle numre for os. Frank Clifforth kommer og giver den lyserød gas, og vi får samlet over 100 gaver ind fra byens butikker. Vi får alt mad, vin, øl, sodavand, kage, pynt, lokale hos Audi Fredericia sponsoreret. Derudover har vi fået nogle kendte til at lave videohilsner, og vi har PowerPoints af en masse seje kvinder, som alle er ramt af brystkræft. Alt overskud går til Støt Brysterne. Det giver virkelig god energi at arrangere denne aften, at være med til at samle penge ind samt at give 120 kvinder en fantastisk aften, det er fantastisk og helt magisk. Det er med til at holde mig oppe og samtidigt hjælper det mig på flugt fra virkeligheden omkring min egen situation, både arbejdsmæssigt, angstmæssigt og bearbejdelsesmæssigt.

Jeg har dage, hvor jeg er meget følelsesladet. Jeg græder og er overvældet af så mange følelser, at det næsten ikke kan rummes. Det sidste stykke tid har jeg gemt meget af mig selv væk, jeg har ikke forholdt mig til min angst, mine søvnløse nætter og mit manglende overskud/stress. Det kommer i dag væltende ind over mig, jeg mærker det hele, og nok mere til. Jeg kan ikke finde ud af, hvor jeg skal gøre af det. Jeg er i fuld gang med at bearbejde mit forløb og prøver at deale med mine senfølger efter mit kemoforløb. Jeg troede, at det ville blive bedre med tiden, men må nok erkende, at det er en længere proces, en proces som skal have de bedste vilkår for at ende godt.

Som tidligere skrevet, så har jeg kæmpet for at indfri min arbejdsplads krav til mig – krav, der er helt fair – men jeg føler luften er gået ud af ballonen. Jeg kan ikke kæmpe lige nu, jeg har brug for ro, brug for at få styr på min angst for tilbagefald, brug for at ikke være i mangel af overskud hele tiden, brug for at få noget søvn, brug for at trække stikket lidt og brug for nærvær med min familie. Lige nu kan jeg ikke kæmpe og kan ikke klare at skulle bruge ressourcer, som jeg ikke har.

Men når det er sagt, så er jeg heller ikke klar til at give op overfor en helt fantastisk arbejdsplads og kolleger. Jeg vil dem så gerne, og hvornår ved man, at det er tiden til at kæmpe eller tiden til at passe på sig selv, det er virkelig en svær balancegang.

Hvad den næste tid bringer, vides ikke, men jeg tager én dag ad gangen og mærker efter helt ned i maven.

Min arbejdssituation

Jeg er nu sygemeldt, og det er det helt rigtige for nu, jeg kan ikke gøre andet. Jeg er stresset, angst og utrolig sensitiv. Tiden er inde til at arbejde med mine behov.

Jeg skal ind på arbejdet til møde med min leder, chef og sagsbehandler fra Jobcentret. Jeg frygter det, frygter at blive mødt med kulde og skuffende blikke. Det var ikke det her, jeg ønskede. Måske jeg bliver fyret.

Jeg tror, mange kræftramte kan nikke genkendende til mine følelser, jeg er ikke alene. Det ved jeg fra mit Instagramnetværk af brystkræftramte. Mange af dem skriver indlæg om det svære efterforløb, de bruger måske andre ord, men betydningen er den samme. Jeg ville ønske, at jeg kunne gøre en forskel, være med til at belyse denne fase.

Jeg syntes, at det var utroligt hårdt, barskt og svært at være i behandlingsforløbet, men der blev jeg fulgt, holdt i hånden og forstået. Jeg var omringet af dygtige mennesker på Sygehuset, som tog alle beslutninger for mig, jeg skulle ikke tænke selv, de tog de svære og vigtige valg.

Efterforløbet er mindst lige så svært, for her skal jeg finde ind til Rikke igen, finde hjem i min krop med de nye følgesvende, som har en indflydelse på min hverdag. Følgesvende i form af senfølger, fysiske og psykiske senfølger. Jeg skal lære at leve med det, acceptere det og elske mig selv, som jeg er.

Derudover er jeg begyndt at tage min Parkinsons-medicin fast hver aften. Hvis jeg ikke tager den, så får jeg ikke sovet på grund af min uro i benene, som er tiltaget meget. Medicinen tager dog toppen af det. Jeg er ikke meget for at tage medicin for det, så jeg forsøger mig nogle nætter indimellem at lade være med at tage den forbandede pille, men det er helt umuligt for mig at sove så. Jeg erkender nu, at den lille forbandede pille ikke er så forbandet, den er nu blevet min søvnredning, så jeg i det mindste får lidt søvn hver nat.

Jeg går til psykolog med henblik på bearbejdelse af mit sygdomsforløb og håndtering af min angst uden medicin. De fleste af vores samtaler har handlet om det ydre pres fra mit arbejde, som har tynget mine skuldre. Det er så sigende for mig, der har ikke været plads og rum til at arbejde terapeutisk med mig.

Jeg vælger nu at fokusere på at bruge min energi og ressourcer rigtigt, så jeg en dag kan komme ud helet, afklaret og ikke mindst i balance.

Hvor det hele ender arbejdsmæssigt, er uvist, men én ting ved jeg, og det er, at jeg er fyldt med kærlighed, støtte og omsorg. Jeg har de bedste mennesker omkring mig, så heldig er jeg! Og lige netop derfor ved jeg, at jeg nok skal lande helt rigtigt.

Feminine sår er uundgåeligt i sådan en sygdomsproces. Det er nok bare forskelligt, hvor meget det får lov til at fylde. Jeg fik mit første feminine sår meget tidligt i forløbet, ved operationen. Her skulle der skæres i mine bryster, og pludseligt var de ikke forbundet med kvindelighed mere, men i stedet var de forbundet med alvorlig sygdom. Dernæst voksede mine sår dag for dag. Jeg kunne ikke kende mig selv i spejlet, og det havde og har en kæmpe betydning i sådan et forløb, da det også betyder tab af kontrol, identitet og selvtillid. I dag er mine sår ved at hele og er ved at blive til feminine ar, ar som er del af min historie efter et langt forløb med brystkræft.

Endelig afklaring

Jeg har været sygemeldt i ca. 1 måned, og det har været op og ned humørmæssigt. Jeg har haft godt gavn af at få ro og tid til at mærke efter, tænke og tage vigtige beslutninger.

Det tynger mig at være afhængig af kommunen/Jobcenteret, selvom jeg har den mest fantastiske sagsbehandler. Jeg kan ikke holde til at blive evalueret, blive indkaldt til møder og lade min fremtid være i andres hænder. Jeg har brug for at forsørge mig selv og få en holdbar og endelig løsning på mit arbejdsliv. Derfor er der blevet taget nogle vilde og vigtige beslutninger. Beslutninger, som jeg har taget, beslutninger som har været længe undervejs og meget velovervejede beslutninger, som giver mig en lille smule ondt i maven. Jeg må erkende, at jeg ikke kan holde til et almindeligt 8-16 job. Jeg har for meget med mig i rygsækken og har for ustabil søvn til at kunne holde til det. Hvad gør jeg så, når jeg ikke kan holde til det, men samtidigt er nødt til at have en vis indtægt for at betale mine regninger? Jeg tager skeen i egen hånd, skriver en mail til min chef og kommer med forskellige forslag til, hvordan vi kan beholde det gode samarbejde.

Min mail resulterede i et møde med min chef og nærmeste leder i går, og her fik vi lavet en god aftale for alle parter. Jeg vil meget gerne bevare min forbindelse til mit arbejde, da jeg er glad for mine kolleger, mine arbejdsopgaver og mit fag. De vil heldigvis også gerne beholde mig, da de har været glade for mig. Vi har derfor indgået en aftale om, at jeg siger op! Ja, du læste rigtigt, jeg siger op!... Og så laver de en ny kontrakt til mig, hvor jeg bliver ansat som fjernskriver og timelønnet. Det vil sige, at jeg selv kan vælge antal timer pr. uge, og selvfølgelig også med udgangspunkt i deres behov for hjælp, og samtidig må jeg have bibeskæftigelse, hvilket er vigtigt for mig, da jeg vil åbne min egen klinik, fedtfrysningsklinik hovedsageligt, men også tilbud om lymfedrænage og ansigtsbehandling. Jeg har derfor oprettet CVR-nr. og 1.2.2022 åbner min klinik herhjemme. Lerche, Beautystyle and Administration.

Hvis jeg ikke får kunder nok i starten, vil jeg finde et lille lægesekretærjob ved siden af, for at få økonomien til at hænge sammen. Jeg er så stolt og glad. Stolt over at tage styringen over mit eget liv, stolt over at følge min drømme og ønsker, og stolt over at vise min børn, at man kan, hvis man vil. Med egen klinik kan jeg regulere min arbejdstid efter mit behov og mine ressourcer. Det er en helt perfekt løsning for mig, som dog har givet mange spekulationer og bekymringer, og humøret har været noget svingende. Jeg har endnu ikke luftet min ide til så mange, da jeg er bange for deres reaktion. Det sidder dybt i mig, har jeg opdaget i denne proces, at jeg ofte som ung har haft mange drømme og fået at vide, at det var urealistisk og ikke kunne lade sig gøre. Disse tanker har jeg kæmpet meget med og har derfor ikke ville dele mine planer med ret mange, for der har ikke skulle meget til at overbevise mig om, at jeg ikke ville kunne klare det.

Nu står jeg her meget tæt på målstregen, jeg kan se den. Det hele er planlagt og aftalt. Nu er det bare at sætte i gang med alt det praktiske. Og Ja, selvfølgelig kan jeg klare det, jeg har et kæmpe drive og gå-på-mod, når jeg ønsker noget.

Nu sidder jeg har med et hårdt sygdomsforløb bag mig, som har givet sorg, bekymringer, angst og fysiske følger, men når det så er sagt, så har det også givet mig så meget positivt. Det har givet mig en styrke til at leve det liv, jeg ønsker, forfølge mine drømme, gøre ting der gør mig glad, være opmærksom på hvad der er negativ energi og positiv energi og fylde mit liv med det gode. Jeg har lært mig selv at kende på en anden måde, set nye sider af mig selv efter forløbet, sider som jeg er ret godt tilfreds med. Derudover har jeg fået nye relationer og bekendtskaber, som ikke fylder meget i mit liv, men som alligevel har en stor betydning. Jeg kender mere til mine egne begrænsninger og styrkesider nu. Ja, jeg ryger ind i mørket og angsten til tider, men jeg er bevidst om det, og jeg arbejder med at komme hurtigt tilbage igen.

Min plan er også at holde foredrag rundt i Danmark indimellem, men det er mere for at komme ud med mine budskaber og fortæller min historie som en del af min heling. Heling af både mine fysiske, mentale og feminine sår.

Jeg har været til kontrol på Onkologisk Afdeling, og lægen mener, at mit restless legs syndrom og nerveskader i hånd og fødder ikke bliver bedre. Der er gået 1 år siden jeg afsluttede kemoterapien, og så mener man, at følgeskaderne er stationære, og at de faktisk kan gå hen og blive værre endnu.

Det bekræfter mig bare endnu mere i, at det er de rigtige beslutninger jeg tager i øjeblikket, da disse beslutninger giver mig større mulighed for at tilpasse mit arbejdsliv efter mine ressourcer.

Alt i alt så er det hele godt. Jeg er lykkelig, og jeg lever det liv, som jeg ønsker, og som jeg selv har valgt. Jeg har nu bare ét meget stort ønske for fremtiden, ikke mere kræft til min familie, tak!

DIGT - NÅR SINDET ER MØRKT

Indre uro

Kroppen sitrer

Knuden i maven mærkes

Angstens greb er fast

Tristhed og mørke

Negative ord og selvbebrejdelse

Tankemylder og søvnløse nætter

Jeg er min fjende

Samtidigt er kærligheden stor

Jeg føler den i hver en celle

Giv mig nærvær

Giv mig ro

Jeg er sårbar

Du må ikke puste

Så vælter jeg

Tak til jer, der har givet jer tid til at læse min historie og til jer, der har stået ved min side i dette forløb.

Sidder du derude og har brug for at stille spørgsmål, kommentere eller andet, så kan du skrive til mig:

rikkelerche@mail.dk

Noter til dig selv: